Ángela León

Lina

Aventuras de uma arquiteta

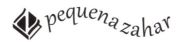
pequenazahar

Copyright © 2019 by Ángela León

Grafia atualizada segundo o Acordo Ortográfico da Língua Portuguesa de 1990, que entrou em vigor no Brasil em 2009.

Título original: *LINA: AVVENTURE DI UN'ARCHITETTA*

Versão em português: ÁNGELA LEÓN

Revisão: ADRIANA M. PEDRO, LUCIANE HELENA GOMIDE e LUCIANA BARALDI

Composição: YUMI SANESHIGE

Tratamento de imagem: AMÉRICO FREIRIA

Dados Internacionais de Catalogação na Publicação (CIP)
(Câmara Brasileira do Livro, SP, Brasil)

> León, Ángela
>   Lina : aventuras de uma arquiteta / Ángela León; [ilustrações e tradução da autora]. — 1ª ed. — Rio de Janeiro: Pequena Zahar, 2020.
>
>   Título original: *Lina: avventure di un'architetta.*
>   ISBN 978-65-88407-02-8
>
>   1. Arquitetas – Biografia – Literatura infantojuvenil 2. Bardi, Lina Bo, 1914-1992 3. Literatura infantojuvenil I. Título.

20-46924   CDD-028.5

Índices para catálogo sistemático:
1. Arquitetas : Biografia : Literatura infantil 028.5
2. Arquitetas : Biografia : Literatura infantojuvenil 028.5

Cibele Maria Dias — Bibliotecária — CRB-8/9427

5ª reimpressão

Todos os direitos desta edição reservados à
EDITORA PEQUENA ZAHAR
Praça Floriano, 19, sala 3001 – Cinelândia
20031-050 – Rio de Janeiro – RJ
☎ (21) 3993-7510
🔗 www.companhiadasletras.com.br/pequenazahar
🔗 www.blogdaletrinhas.com.br
📘 /pequenazahar
📷 @pequenazahar
▶ /CanalLetrinhaZ

Lina nasce em Roma, em 1914.

O mundo em 1914:

OS CHAPÉUS ESTÃO NA MODA

E AS CORRIDAS DE CAVALOS TAMBÉM

E FAZER PIQUENIQUE

AS MULHERES QUEREM MAIS DIREITOS

MUITA GENTE TRABALHA NAS FÁBRICAS

COMEÇA A GRANDE GUERRA
(E TERMINA QUATRO ANOS DEPOIS)

Lina cresce em Roma,
rodeada de coisas lindas e antigas.
Não gosta de ser pequena.
Quer virar gente grande
e ter aventuras para contar.

Ela gosta de desenhar, como seu pai.
Coisas da sua imaginação, mas também coisas que vê na rua,
praças cheias de gente, vendedores, festas… a vida do bairro.

Enquanto Lina cresce, Mussolini chega ao poder e, por não gostar de dividi-lo, proíbe muitas coisas, até que as pessoas discordem dele!

Derruba bairros inteiros porque decide que as cidades devem ser mais modernas.

E constrói outros novos.

Assim, quem mora no centro é obrigado a se mudar para a periferia.

Lina quer ser arquiteta. Para ela, a arquitetura não existe sem as pessoas.

Cabe ao arquiteto saber quais são os problemas das pessoas para poder resolvê-los. Deve ser um mestre da vida: conhecê-la em todos os aspectos,

de como cozinhar o feijão

a como as pessoas tomam banho,

e até como funciona uma privada.

Mas o problema é que, naquela época, quase ninguém aprovava que uma mulher estudasse e trabalhasse fora de casa.

As mulheres tinham que:
- se casar;
- limpar;
- cozinhar;
- cuidar dos filhos.

Quando termina seus estudos,
vai morar em Milão, a cidade mais moderna da Itália.

Pouco depois, explode a Segunda Guerra Mundial e,
embora Lina tenha se tornado arquiteta, não pode construir nada.
Agora a regra é destruir...
Por isso, ela começa a escrever e desenhar para revistas.

Conhece muitas pessoas e aprende muito com elas.

Com **Gio Ponti**, o grande arquiteto e designer com quem trabalha, compreende que é preciso conhecer as técnicas antigas
para manter vivo o passado.

CADEIRA TRADICIONAL
DA VILA DE CHIAVARI,
TÍPICA DA REGIÃO DA
LIGÚRIA, 1850.

GIO PONTI
CADEIRA SUPERLEGGERA,
1955.

E pensa no que poderia estar fazendo do lado de fora, ao sol.

Por exemplo, tirando uma soneca
(porque na guerra não se dorme bem).

Apesar da guerra, coisas boas também acontecem:

Lina dirige o periódico **Domus**, a revista mais importante de arquitetura e design, e conhece **Pietro Bardi**, seu futuro marido. Pietro é galerista e colecionador de arte e, como ela, escreve sobre arquitetura.

E tem um gato, Giovannino detto Cavallo.

Pietro é muito inteligente e preparado.
Sabe muitas coisas e todos respeitam sua opinião.
Por isso, foi convidado para a reunião de arquitetos
mais importante do século, sem sequer ser arquiteto!

Aqui está Pietro chegando ao porto de Atenas, entre
Le Corbusier e **Peppino Terragni**,
acenando com um lenço.

Quando acaba a guerra, Lina e Pietro se casam e partem para o Brasil com a coleção de Pietro no porão do navio.

Deixam a Itália e a Europa,
onde tudo foi destruído.
No Brasil, pelo contrário, tudo é novo e possível!

CARMEN MIRANDA
É A MAIOR ESTRELA
E O CARNAVAL É A FESTA MAIS IMPORTANTE

Quando chegam ao Rio, conhecem muitas pessoas e se divertem

(e com certeza são convidados para uma **feijoada**).

Mas o encontro que mais vai influenciar a vida deles é com este senhor baixinho e elegante:

Assis Chateaubriand.

Ele é o proprietário de 34 jornais, 36 emissoras de rádio e também do primeiro canal de televisão do Brasil.

Chateaubriand pede a Lina e Pietro que criem um museu de arte em São Paulo,

o **Masp**.

Pietro dirige o Masp, enquanto Lina reforma o espaço
para exposições.
Também se dedica a outras atividades: projeta cadeiras e joias,

cria a revista *Habitat*,
escreve e viaja pelo Brasil.

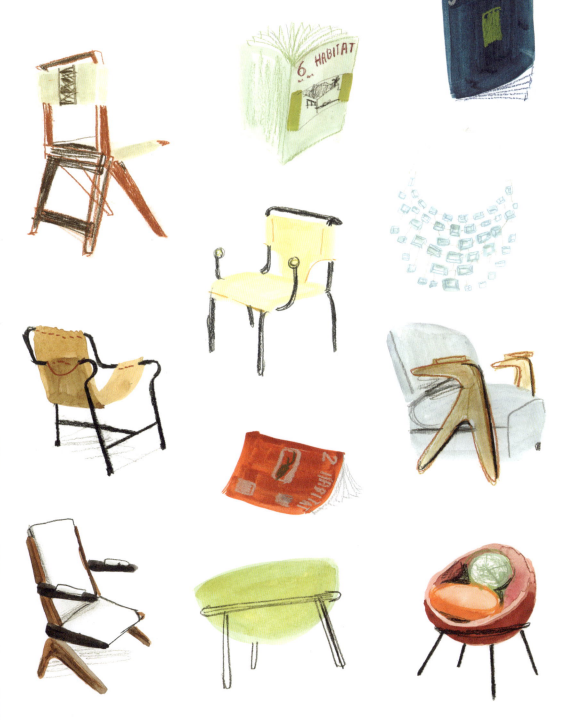

Nessa época, ela também projeta sua própria casa (sua primeira construção), feita de vidro e rodeada de árvores e passarinhos,

e ocupa seu espaço com objetos e pessoas originais, como o paisagista **Burle Marx**, que lhe mostra a última planta que catalogou, a *Ctenanthe burle-marxii*,

ou **Saul Steinberg**, que vemos aqui embaixo desenhando nos vidros embaçados depois da chuva tropical.

Em **1959**,
começa uma das suas maiores aventuras, no Nordeste do Brasil.
Pela primeira vez vai dirigir um museu, em Salvador, na Bahia.

Em São Paulo há muito dinheiro circulando, prédios modernos e muitos carros.

Mas a Bahia tem outro tipo de riqueza,
feita de edifícios antigos, dança, música e tradições africanas...
Tudo isso é cultura e Lina adora essa atmosfera!

O Museu de Arte Moderna da Bahia, o **MAM-BA**,
não será um museu como os outros:
aqui é possível não apenas admirar a arte,
mas também aprender a fazê-la!
É um verdadeiro museu-escola.
Para Lina, a arte também pode estar na natureza
e nos objetos cotidianos.
Ela organiza oficinas com artesãos
e considera que uma rocha de dez toneladas
pode ficar exposta ao lado de um quadro de Degas.

No Nordeste do Brasil, há muitos artistas
e a arte está por todos os lados. Nos prédios antigos,
mas também na poesia de transformar os objetos do dia a dia.
É a arte da vida cotidiana.
Por isso, Lina idealiza também o Museu de Arte Popular:
um museu da vida.

Na Bahia, Lina tem muitos amigos.
Alguns deles se tornarão estrelas da música e do cinema.
Provavelmente, juntos devem ter dançado e cantado as belas
canções da época, além de falarem sobre o que amam
no Brasil e o que poderia melhorar...

COISAS DE QUE GOSTAM:

A NATUREZA
A ARTE POPULAR
O CINEMA NOVO
OS SORVETES DO NORDESTE
A BOSSA NOVA

COISAS DE QUE NÃO GOSTAM:
A POBREZA
A INJUSTIÇA
AS PROIBIÇÕES

Mas, como havia acontecido na Itália com Mussolini,
em certo momento alguém chega ao poder e não quer dividi-lo.
Não gosta nem dos museus-escola,
nem da arte popular, nem da opinião das pessoas.
O exército controla tudo. É a ditadura militar.
Por isso, Lina tem que abandonar os seus projetos baianos,
que tanto a entusiasmavam.

Volta para São Paulo para construir a nova sede do **Masp**.

O Masp será construído na avenida mais movimentada da cidade: milhares de pessoas passam por lá todos os dias, a pé, de carro, de bonde… Lina quer levar todo mundo para lá, inclusive aqueles que nunca foram a um museu.

O museu não vai ser somente mais um prédio na rua, mas a rua fará parte do museu.
Apoiado sobre quatro pilares, como se estivesse flutuando, vai transformar o espaço de baixo em uma praça.

Será um museu-praça e Lina projeta brinquedos tão lindos como esculturas!
Assim, se você é um pouco distraído, pode caminhar pelo museu sem sequer reparar.

Lina não quer que o Masp seja um depósito de obras, silencioso e sem vida. Gostaria que até os muros fossem vivos, cheios de plantas!

Mas, por ora, seu projeto é inviável: as paredes verdes ficariam pesadas demais. Então decide que serão de vidro, como em sua casa ou como no museu que imaginou na Bahia, mas que não chegou a ser construído.

O interior é diferente do de outros museus.
Os cavaletes são de vidro e concreto.
Assim, as obras parecem flutuar!

Todo mundo quer conhecer o novo museu...

...embora nem todos gostem de coisas tão diferentes.

Depois do Masp, Lina não tem muitos trabalhos como arquiteta, mas não desanima e decide se dedicar à cenografia de grupos de teatro.

Naquele momento, contudo, no Brasil é perigoso até pensar diferente. Então Lina, como outros amigos, tem que deixar o país por algum tempo.

Passam-se quase nove anos sem que Lina consiga construir nada.
Até que, um belo dia, ela recebe um convite para projetar uma igreja
e um centro comunitário em uma pequena cidade de Minas Gerais.
Não há dinheiro para a obra, mas todos participam da construção,
mesmo as crianças.

O Brasil começa a respirar novos ares,
e Lina é chamada para seu projeto mais especial.

o **Sesc Pompeia**
é um centro de lazer em uma antiga fábrica de São Paulo.
Muitos arquitetos antes de Lina pensaram em derrubá-la
para construir um prédio novo.
Mas quando Lina visita o lugar vê crianças brincando,
avós se encontrando, pais preparando sanduíches
e pessoas vendendo pipoca.

Para ela, o mais importante já está ali:
todas essas pessoas juntas aproveitando o espaço.
Não é preciso demolir nada, porque a fábrica faz parte
do passado do bairro. Só precisa ser ampliada.

Lina projeta então um teatro,
uma cantina, um espaço para exposições,
oficinas e até um rio
e uma lareira.

Ela também constrói torres
como se fosse uma fortaleza,
com janelas sem vidro,
que parecem buracos,

um espaço para jogar futebol,
basquete, vôlei

ou fazer tai chi

e uma piscina quadrada:
não para competições,
mas para diversão.

Mas Lina não fará o Sesc Pompeia sozinha. Na verdade, ela nunca gostou de trabalhar em escritórios e nunca teve um; prefere experimentar e acompanhar a obra com os operários e arquitetos que acabaram de se formar.

Neste canteiro de obras
que vemos aqui, por exemplo,
está sendo usada uma estrutura
feita com madeira e sacos de
batata para obter uma forma
mais natural.

Lina gosta tanto do
Sesc Pompeia que ele quase
vira uma casa para ela.
Organiza exposições e passa
o tempo todo lá, mesmo
depois da inauguração.

As pessoas também gostam muito do Sesc.
E aos 70 anos, Lina tem mais trabalho do que tinha aos 40!
É convidada a voltar à Bahia para projetar
outro museu e remodelar o centro da cidade.
Mas, desta vez, ninguém será obrigado
a ir morar na periferia.

Cada construção planejada por Lina é um retrato
de suas ideias, mas o Sesc é, com certeza, o que melhor
traduz seu espírito: pessoas de todas as idades e estilos,
independentemente de sua classe social, passando
o tempo juntas, brincando, dançando, aprendendo,
ouvindo música, comendo… divertindo-se!

Com o seu trabalho, Lina conseguiu
coisas que muitos arquitetos não alcançam.
Mas, sobretudo, conseguiu aquilo
que queria desde pequenininha:
ter muitas aventuras para contar.

ACHILLINA BO dizia ter nascido duas vezes. A primeira, em 1914, em Roma, uma cidade cheia de ruínas históricas, colinas e sorvetes deliciosos. Quando a Grande Guerra começa, apesar do clima tenso, Lina aprende coisas importantes: quer viver intensamente e ser livre para fazer o que gosta. Ela não gosta de ser pequena e decide que se tornará uma arquiteta quando crescer.

Seu segundo nascimento é em 1946, no Brasil, porque é aqui que ela escolhe viver. Se não podemos escolher onde nascemos, podemos ao menos escolher onde viver. Do Brasil ela gosta imensamente da natureza, das pessoas e até dos objetos cotidianos; e ainda por cima o Brasil tem a música mais bonita do mundo! Além de desenhar móveis, cenografias, organizar exposições e colecionar obras de arte, projeta construções originais como o Museu de Arte de São Paulo.

Mas nessas histórias há um inimigo, um oponente que Lina precisa enfrentar várias vezes. Não se trata de uma pessoa, mas de uma forma de pensar que condena opiniões diferentes e proíbe tudo o que se desvia das leis impostas pelo regime: o totalitarismo. Lina deve ser ainda mais corajosa e disposta a arriscar tudo para defender a vida que sempre quis, cheia de coisas belas e de aventuras.

SOBRE A AUTORA

ÁNGELA LEÓN nasceu na ilha de Maiorca, mas cresceu em Madri e se formou em design industrial. Tem realizado projetos artísticos no espaço público em diferentes países e escrito e ilustrado livros voltados para a cidade e a infância no Brasil e na Itália.

CASA DE VIDRO 1949-52

POLTRONA BOWL 1951

CASA CIRELL COM MUROS DE PLANTAS 1957-8

MUSEU À BEIRA DO OCEANO, PROJETO QUE INSPIRA O MASP 1951

RESTAURAÇÃO DO SOLAR DO UNHÃO 1962-3

DETALHE DE ARTESANATO PARA A CANTINA DO SESC POMPEIA 1977-86

LADEIRA DA MISERICÓRDIA, SALVADOR 1957-89

TEATRO OFICINA. FOI CONSIDERADO O MELHOR TEATRO DO MUNDO 1984-93

 A marca FSC® é a garantia de que a madeira utilizada na fabricação do papel deste livro provém de florestas que foram gerenciadas de maneira ambientalmente correta, socialmente justa e economicamente viável, além de outras fontes de origem controlada.

Esta obra foi composta em Adobe Caslon Pro e impressa em ofsete pela Geográfica sobre papel Alta Alvura da Suzano S.A. para a Editora Schwarcz em junho de 2024